# Mit der Kräuterbäuerin durchs Jahr

Landleben • Kräuter • Rezepte

AVA VERLAG

# Liebe Leserinnen, liebe Leser,

der Glaswinker Hof in Wackersberg im schönen Tölzer Land ist seit dem 15. Jahrhundert Heimat und Lebensmittelpunkt vieler Generationen. Das Leben in Glaswinkl wurde und wird auch heute noch von der Landwirtschaft und dem Leben in und mit der Natur geprägt.

Als ausgebildete Kräuterpädagogin betreibe ich, unterstützt von meiner Familie, das Kräuterstüberl, führe die Leute durch Wiesen, veranstalte Kräuterseminare auf dem Bauernhof, werkle mit Kindern und bewirte mit vielen Köstlichkeiten aus der Kräuterküche meine Gäste. Mit den Schätzen aus meinem Kräutergarten stelle ich köstliche Rezepte, Salben, Öle und Tinkturen her.

Mein großes Anliegen ist es, Kindern und Erwachsenen die Schönheit und den großen Wert unserer Heimat näher zu bringen und den großen Reichtum unserer Pflanzenwelt zu vermitteln. Denn nur so kann man die Begeisterung, die Wertschätzung und die Achtung für die herrliche Natur entfachen.

Durch die Unterstützung meiner Familie, Liane Müller, den Fotografen Birgid Allig und Bodo Mertoglu sowie dem AVA-Agrar Verlag Allgäu, habe ich mir den Traum vom eigenen Kräuterbuch verwirklicht. Neben Informationen zu heimischen Kräutern finden Sie in meinem Hofbuch zahlreiche Rezepte sowie allerlei Anwendungen für Küche, Schönheit und Wohlbefinden.

Entdecken Sie köstliche Rezepte mit Wildkräutern, lernen Sie die tierischen Mitbewohner des Glaswinkler Hofes kennen, erfahren Sie die Geheimnisse der Milch- und Obstkosmetik und probieren Sie bewährte Anwendungen selbst aus. Ich zeige Ihnen, wie schön und vielseitig das Landleben ist.

Ich wünsche Ihnen viel Freude beim Lesen, Ausprobieren und Genießen!

Herzlichst
Ihre Maria Walser

KRÄUTERPÄDAGOGE

Kräuter-Erlebnis-Region Tölzer Land Bayerns Bilderbuch-Land

# Inhaltsverzeichnis

## Rezepte aus der Kräuterküche

## Naturkosmetik



## Milchkosmetik



## Obstkosmetik



## Der Glaswinkler Hof stellt sich vor

**Verwendete Abkürzungen:**
*g = Gramm, EL = Esslöffel, TL = Teelöffel, l = Liter, ml = Milliliter, Fl. = Fläschchen, Msp. = Messerspitze*
***Rezeptangaben für 4 Personen***

Rezepte aus der
Kräuter-
küche

# Brennnessel

*(Urtica dioica, Urtica urens)*

**Sammeltipp:** Brennnessel immer vorsichtig von unten am Stiel anfassen, sie brennt hauptsächlich an den Zacken der Blätter.

- **Sammelzeit:** März bis August, Samen: Frühherbst
- **Inhaltsstoffe:** Vitamin C, Provitamin A, Magnesium, Calcium, Kieselsäure, Gerbstoffe, Histamin
- **Heilwirkung:** harntreibend, blutreinigend, Stoffwechselfördernd, hilft bei Gicht und Rheuma
- **Anwendung:** Vor allem als Frühjahrskur angewendet, spült sie die Schlacken des Winters aus dem Körper. Man kann sie als Brennnesseltee trinken oder im Salat oder als Suppe genießen. Brennnesselsamen geben Kraft und wirken bei Erschöpfungszuständen.

# Brennnesselsamen-Powerdrink

*Zutaten für 1 Smoothie:*
*1 EL Haferflocken*
*2 cl Apfelsaft*
*1/4 l Buttermilch*
*2 TL Brennesselsamen*
*(frisch oder getrocknet)*

**Zubereitung:**
1. Haferflocken, Apfelsaft und Buttermilch im Mixer kurz mixen.
2. Brennnesselsamen unterrühren und den Smoothie in ein Glas füllen.

Für einen guten Start in den Tag

# Frittierte Brennnessel in Bierteig

*Zutaten:*
*ca. 20 große Brennnesselblätter*
*125 g Mehl*
*15 ml Bier*
*2 Eier*
*1 EL Öl für den Teig*
*Salz*
*Butterschmalz oder Öl zum Ausbacken*
*Puderzucker*

**Zubereitung:**

1. Aus Mehl, Bier, Eiern, Öl und einer Prise Salz einen glatten Teig herstellen.
2. Die frischen Brennnesselblätter waschen, abtrocknen und durch den Bierteig ziehen. Ausbackfett im Topf oder einer Pfanne erhitzen und die Brennnesselblätter im heißem Fett schwimmend, goldgelb ausbacken.
3. Auf Küchenkrepp abtropfen lassen, mit etwas Puderzucker bestreuen und warm servieren.

Tipp: Wer's lieber pikant mag, verwendet Kräutersalz statt Puderzucker.

# Brennnessel-Aufstrich

*Zutaten:*
*1 Handvoll junge Brennnesselblätter*
*250 g Topfen*
*4 EL Buttermilch*
*Salz, Pfeffer*
*1 EL Zitronensaft*

**Zubereitung:**

1. Brennnesselblätter im kochendem Wasser blanchieren, abkühlen lassen und fein hacken.
2. Den Topfen und die Buttermilch verrühren, bis eine streichfähige Beschaffenheit erreicht ist.
3. Die Brennnesseln unterrühren und mit Salz, Pfeffer und Zitronensaft abschmecken.

**Tipp:** Schmeckt auf herzhaftem Bauernbrot oder zu Pellkartoffeln.

# Brennnesselknödel mit brauner Butter

*Zutaten:*
*1 Zwiebel*
*2 Knoblauchzehen*
*600 g Brennnesselblätter*
*150 g Butter*
*250 ml Milch*
*250 g Knödelbrot*
*3 Eier*
*Salz*
*Pfeffer*
*Muskatnuss*
*200 g Butter*
*4 EL geriebener Parmesan*

**Zubereitung:**

1. Zwiebel und Knoblauch schälen und klein schneiden. Brennnesselblätter fein schneiden.
2. Die Butter in einem Topf erwärmen, die kleingeschnittene Zwiebel und den feingehackten Knoblauch andünsten. Die feingeschnittenen Brennnesselblätter dazugeben und mit andünsten.
3. Die Milch darüber geben und erhitzen.
4. Das Knödelbrot in eine Schüssel geben und die Milch-Kräuter-Mischung dazugeben. Mit einem Kochlöffel leicht durchmischen und ca. 15 Min. ziehen lassen.
5. Eier, Salz, Pfeffer und Muskatnuss kräftig unterkneten. Wenn der Teig zu weich ist, etwas Semmelbrösel dazugeben.
6. Knödel formen und in siedendem Wasser einmal aufkochen lassen, zugedeckt etwa 10 Min. ziehen lassen.
7. Butter leise köcheln lassen, bis sie eine braune Fäbung hat. Dann abseihen.
8. Die Knödel mit brauner Butter und geriebenem Parmesan servieren.

**Tipp:** Die Knödel passen gut zu einem Kräuterbraten vom Schwein, oder als Hauptspeise mit brauner Butter und geriebenem Parmesan zu einem Salat.

# Giersch

*(Aegopodium podagraria)*

"Drei, drei, drei – bist beim Giersch dabei!" Der Blattstiel ist dreikantig, das Blatt ist dreigeteilt, und auch die Einzelblätter sind dreigeteilt. Außerdem duftet der Giersch beim Zerreiben nach Möhren.

- **Sammelzeit:** April bis Juli
- **Inhaltsstoffe:** Vitamin C, Provitamin A, Eiweiß, Kalium, Mineralstoffe, ätherische Öle
- **Heilwirkung:** antirheumatisch, verdauungsanregend, entwässernd, harntreibend
- **Anwendung:** Wirkt als Tee entwässernd und regt den Stoffwechsel an. 2 EL auf 250 ml Wasser. Kraut mit heißem Wasser übergießen, 5 Min. ziehen lassen und abseihen. Für eine Frühjahrskur kann man die frischen Triebe in gleicher Menge nutzen.

# Gierschbutter

*Zutaten:*
*250 g Giersch*
*250 g zimmerwarme Butter*
*etwas Salz*
*ein paar Tropfen Zitronensaft*

**Zubereitung:**

1. Den Giersch klein schneiden und mit der Butter im Mixer pürieren.
2. Mit Salz und Zitronensaft abschmecken.

Tipp: Die Butter hält ungefähr 2 Wochen im Kühlschrank und ist auch zum Einfrieren geeignet.

# Haselnuss-Giersch-Pesto

*Zutaten:*
*800 g junge Gierschblätter*
*2 Knoblauchzehen*
*200 g Parmesan*
*200 g Haselnüsse*
*1 Flasche Olivenöl*
*1 TL Salz*

**Zubereitung:**

1. Die Gierschblätter von den Stielen abzupfen. Den Knoblauch schälen und klein schneiden. Den Parmesan reiben.
2. Giersch, klein geschnittenen Knoblauch, Parmesan und Haselnüsse in einen Mixer geben und pürieren.
3. Olivenöl dazugeben.
4. Mit Salz abschmecken.
5. Das fertige Pesto in Gläser füllen und mit Öl abdecken.

Tipp: Im Kühlschrank ist das Wildkräuter-Pesto ca. 4 Wochen haltbar. Passt sehr gut zu Pasta und frischem Bauernbrot.

# Gierschsemmeln

*Zutaten:*
*250 g Dinkelvollkornmehl*
*250 g Roggenvollkornmehl*
*1 TL Salz*
*3 TL Backpulver*
*500 g Magerquark*
*4 Eier*
*1 große Handvoll Giersch-Blätter*

*zum Verzieren:*
*Kürbiskerne, Sesam, Sonnenblumenkerne, Mohn*

**Zubereitung:**

1. Mehl, Salz und Backpulver miteinander vermengen. Magerquark und Eier hinzufügen.
2. Den Giersch waschen, abtropfen, in feine Streifen schneiden und dem Teig hinzufügen.
3. Alle Zutaten zu einem glatten Teig verkneten.
4. Mit einem Löffel kleine Kugeln abstechen und aufs Blech setzen, oder mit der Hand gleichmäßige Semmeln formen.
5. Mit Wasser bestreichen und nach Belieben mit Kürbiskerne, Sesam, Sonnenblumenkernen oder Mohn bestreuen.
6. **Backzeit:** ca. 35 Min. bei 180 °C Umluft.

# Spritzige Kräuterschorle

*Zutaten:*
*15 mittelgroße Gierschblätter*
*3 Gundermannranken*
*3 Stängel Pfefferminze*
*5 Stängel Zitronenmelisse*
*1 l Wasser*
*250 ml Apfelsaft (alternativ 250 ml Mineralwasser)*

**Zubereitung:**

1. Die Kräuter in einem Krug geben, mit 1 l heißem Wasser aus der Leitung übergießen und mindestens 3 Std., wenn möglich über Nacht ziehen lassen.
2. Die Kräuter entfernen und mit Apfelsaft und wenn's spritzig sein soll mit Mineralwasser auffüllen.

**Tipp:** Der Kräuterteeauszug schmeckt natürlich auch pur.

Giersch eignet sich hervorragend als Petersilien-Ersatz.

Wer den Giersch im eigenen Garten hat, kann sich darüber freuen oder ärgern. Bei vielen als lästiges Unkraut unbeliebt, kann man den Giersch im Frühling als Salat oder Spinat zubereiten.

# Kräuter-Kartoffelplätzchen mit Sauerrahmdip

*Zutaten:*
*1 Zwiebel*
*100 g Schinken*
*750 g Kartoffeln, gekocht und durchgepresst*
*100g Dinkelmehl*
*1 TL Salz*
*1 Ei*
*Pfeffer*
*5 EL Kräuter (z.B. Giersch, Brennnessel, Schafgarbe)*
*Salz, Pfeffer*
*Rapsöl zum Ausbacken*

*Sauerrahmdip:*
*200 g Sauerrahm*
*100 g Naturjoghurt*
*1 Prise Salz*
*1 EL Zitronensaft*
*2 EL Kapuzinerkresse (Blüten und Blätter)*

**Zubereitung:**

1. Die Zwiebel schälen und klein schneiden. Den Schinken würfeln.
2. Die Kartoffeln kochen, schälen und heiß durch eine Kartoffelpresse drücken.
3. Das Mehl unter die noch warmen Kartoffeln rühren, salzen und mit dem Ei, Zwiebeln und Schinken zu einem Teig verkneten.
4. Die Kräuter waschen, abtropfen, in feine Streifen schneiden und dem Teig hinzufügen.
5. Mit Salz und Pfeffer abschmecken.
6. Aus dem Kartoffelteig eine Rolle formen, fingerbreite Scheiben abschneiden und diese flach drücken.
7. Die Kartoffelplätzchen im heißen Öl in der Pfanne ausbacken.
8. Für den Dip Sauerrahm und Naturjoghurt miteinander verrühren. Mit Salz und Zitronensaft abschmecken. Die Kapuzinerkresse klein schneiden und unter den Dip rühren.
9. Die Kartoffelplätzchen zusammen mit dem Dip servieren.

# Gundermann

*(Glechoma hederacea)*

**Tipp:** Eignet sich ehrvorragend als Ampelpflanze für den Balkon. Äußerlich kann der Gundermann für schlecht heilende Wunden, vor allem bei Eiter als Pflanzenöl oder Salbe angewendet werden.

* **Sammelzeit:** März bis Juni, aber auch noch später, solange er sprießt
* **Inhaltsstoffe:** Vitamin C, Gerb- und Bitterstoffe, ätherische Öle, Kalium, Saponine
* **Heilwirkung:** wirkt entwässernd, keimtötend, verdauungsfördernd, schleimlösend, entzündungshemmend
* **Anwendung:** Gundermann schmeckt angenehm würzig in Kräutersuppen oder Kräuterbutter.

# Würziges Apfelchutney

*Zutaten:*
*9 mittelgroße Äpfel (säuerlich)*
*1 große Zwiebel*
*10 Gundermannblätter*
*2 Zweige Thymian*
*2 Zweige Dost*
*1 EL Rapsöl*
*150 ml Wasser*
*200 ml Weißweinessig*
*100 ml Apfelessig*
*500 g Gelierzucker*
*Salz, Pfeffer*

**Zubereitung:**

1. Die Äpfel schälen, vierteln, entkernen und in Scheiben schneiden. Die Zwiebel schälen und fein würfeln.
2. Die Kräuter waschen, abtropfen, von den Stielen befreien und klein schneiden.
3. Rapsöl in einem Topf erhitzen, Äpfel, Zwiebel und Kräuter dazugeben und kurz anschwitzen.
4. Mit Wasser, Weißwein-, Apfelessig aufgießen.
5. Den Gelierzucker hinzugeben und unter ständigem Rühren ca. 20 Min. dick einkochen lassen. Mit Salz und Pfeffer abschmecken.
6. In saubere, vorgewärmte Gläser füllen und noch heiß verschließen.

# Kürbiscremesuppe

*Zutaten:*
*300 g Hokkaido-Kürbis*
*100g Kartoffeln (mehlig)*
*1 kl. Zwiebel*
*1/2 Knoblauchzehe*
*1EL Butter*
*1/4 l Weißwein*
*1/2 l Wasser*
*300 ml Sahne*
*400 ml Milch*
*1 EL Apfelessig*
*Salz, Pfeffer*
*je 8 Blätter Gundermann, Giersch, Zitronenmelisse*
*zum Garnieren:*
*Kürbiskerne nach Belieben*
*Cranberries nach Belieben*

**Zubereitung:**

1. Das Kürbisfleisch würfeln, die Kartoffeln schälen und ebenfalls würfeln. Zwiebel und Knoblauch schälen und klein schneiden.
2. Die Butter erhitzen und das Gemüse darin anschwitzen.
3. Mit Weißwein ablöschen und mit Wasser, Sahne und Milch aufgießen. Mit Apfelessig, Salz und Pfeffer würzen. Bei mittlerer Hitze ca. 30 Min. weich kochen.
4. In der Zwischenzeit die Kräuter waschen, abtropfen und klein scheiden.
5. Nach Ende der Garzeit die Kräuter dazugeben und 5 Min. leicht köcheln lassen.
6. Anschließend die Suppe pürieren.
7. Kürbiskerne in der Pfanne ohne Fett anrösten. Die Cranberries klein hacken.
8. Die Suppe in Teller füllen und mit Kürbiskernen und gehackten Cranberries garnieren.

# Kräuterkartoffeln

*Zutaten:*
*20 kleine Kartoffeln*
*1 Handvoll Kräuter (Gundermann, Giersch, Wiesenbärenklau)*
*3 Knoblauchzehen*
*1 EL Butterschmalz*
*grobes Salz*
*Pfeffer*

**Zubereitung:**

1. Kartoffeln kräftig bürsten und in der Schale kochen. (Frühkartoffeln müssen nicht geschält werden).
2. Die Kräuter waschen, abtropfen und klein schneiden. Die Knoblauchzehen schälen und fein würfeln.
3. Butterschmalz in der Pfanne schmelzen, Kräuter und Knoblauch zugeben und zusammen mit den Kartoffeln kräftig anbraten.
4. Etwas grobes Meersalz und Pfeffer darüber streuen.

# Süße Wiesenpralinen

*Zutaten*
*(Verzierung für eine Torte):*
*12 Gundermannblätter*
*20 g Zartbitterschokolade*

**Zubereitung:**

1. Die Schokolade über einem Wasserbad erwärmen.
2. Die Kräuterblätter in die flüssige Schokolade tauchen. Auf ein Pralinengitter legen und im Kühlschrank erkalten lassen.

Tipp: Die süße Leckerei eignet sich zum Dekorieren von Torten und Nachspeisen.

# Knoblauchs-rauke

*(Alliaria petiolata, auch Alliaria officinalis)*

**Tipp:**
Schmeckt allen, die nur einen „feinen“ Knoblauchduft bevorzugen.

- **Sammelzeit:** April bis Juli, die reifen Samen ab Juli bis August
- **Inhaltsstoffe:** Enzyme, Saponide, ätherische Öle reichlich Provitamin A und Vitamin C, Mineralstoffe
- **Heilwirkung:** atmungsfördernd, leicht antiseptisch
- **Anwendung:** Erkrankungen der Atmungsorgane, Husten, Asthma. Leicht harntreibend.
- **Sammeltipp:** Für Heilzwecke wird das ganze Kraut außer der Wurzel gesammelt.
  Zur Verwendung in der Küche sammelt man die jungen Blätter und Triebe.

# Rührei mit Knoblauchsrauke

*Zutaten:*
*2 EL Knoblauchsrauke*
*2 TL Butter*
*4 Eier*
*4 EL spritziges Mineralwasser*
*Kräutersalz, Pfeffer*
*4 Scheiben Bauernbrot*
*zum Garnieren:*
*Schnittlauchblüten*

**Zubereitung:**

1. Die Knoblauchsrauke waschen, trocken tupfen und klein schneiden.
2. Butter in eine beschichtete Pfanne geben und erhitzen.
3. Die Eier mit Mineralwasser verquirlen und zusammen mit den Kräutern in die Pfanne geben.
4. Bei geringer Hitze stocken lassen. Dabei zwischendurch mit einem Pfannenwender vorsichtig am Pfannenboden entlang rühren, bis das flüssige Ei cremig ist. Salzen und pfeffern.
5. Das Rührei auf leicht gebutterten Brotscheiben anrichten und mit Schnittlauchblüten garnieren.

# Grüne Pfannkuchen mit herzhafter Topfenfülle

*Zutaten:*
*Pfannkuchen:*
*1 Handvoll Knoblauchsraukeblätter*
*250 g Mehl*
*2 Eier*
*1/2 l Milch*
*1 Prise Salz*

*Füllung:*
*3 Scheiben gekochter Schinken*
*5 Gierschblätter*
*250 g Topfen*
*4 EL Sauerrahm*
*Salz, Pfeffer*
*1 TL Senf*

**Zubereitung:**

1. Knoblauchsrauke waschen, trocken tupfen und klein schneiden.
2. Mehl, Eier, Milch, Salz und Kräuter in eine Rührschüssel geben und mit einem Schneebesen verquirlen.
3. Fett in einer Pfanne auf mittlerer Stufe erhitzen. Eine Schöpfkelle voll Teig in die Pfanne gießen, dabei die Pfanne leicht drehen, sodass der Pfannenboden gleichmäßig mit dem Teig bedeckt ist. Pfannkuchen goldbraun backen, aus der Pfanne nehmen und eine weitere Schöpfkelle Teig in die Pfanne gießen. Auf diese Weise fortfahren, bis der ganze Teig verarbeitet ist.
4. Den Schinken fein schneiden. Den Giersch waschen, trocken tupfen und klein hacken.
5. Den Topfen und Sauerrahm zu einer streichfähigen Masse verarbeiten. Schinken und Kräuter unterrühren. Mit Salz, Pfeffer und Senf würzen.
6. Die Füllung auf den abgekühlten Pfannkuchen verstreichen und aufrollen. 1 Std. kühl stellen.
7. Vor dem Servieren in Scheiben schneiden.

# Schafgarbe

*(Achillea millefolium)*

**Achtung:** Empfindsame Personen reagieren auf den Saft der Schafgarbe mit juckenden Hautveränderungen. Kann allergische Reaktionen hervorrufen.

* **Sammelzeit:** August
* **Inhaltsstoffe:** Ätherisches Öl, Gerbstoffe, Flavone, Bitterstoffe, antibiotische Substanzen
* **Heilwirkung:** blutreinigend, blutstillend, krampflösend, gefäßtonisierend
* **Anwendung:**
  *Schafgarbe als Gemüse:*
  Die im Frühling geernteten Blätter können geschnitten, wie Schnittlauch oder Kresse, verwendet und so beispielsweise aufs Brot gestreut werden.
  *Schafgarbe als Tee:*
  Schafgarben-Tee wird aus den getrockneten Blüten und Blättern der Schafgarbe erstellt.
  Auf 1/4 Liter Wasser 5-10 g Schafgarbenkraut (Ziehzeit ca. 10 Min.). Schafgarben-Tee wird traditionell bei Verdauungsbeschwerden und krampfartigen Schmerzen in Magen, Milz, Darm und Galle.

# Rispentomaten gefüllt mit Kräuterquark

*Zutaten:*
*20 Rispentomaten*
*250 g Magerquark*
*2 EL Naturjoghurt*
*1 EL Sahne*
*1 EL klein gehackte Kräuter (Schafgarbenblättchen, Giersch)*
*Salz, Pfeffer*

**Zubereitung:**

1. Die Tomaten waschen, Deckel abschneiden und mit einem Teelöffel aushöhlen.
2. Quark mit Joghurt glatt rühren. Kräuter zugeben, mit Salz und Pfeffer abschmecken und in die Tomaten füllen.

# Parmesansüppchen

*Zutaten:*
*200 g rohe Kartoffeln*
*1 Zwiebel*
*2 EL Rapsöl*
*1 l Gemüsebrühe*
*150 g geriebener Parmesan*
*2 EL fein gehackte Blätter von der Schafgarbe*
*2 EL fein gehackte Blätter von der Knoblauchsrauke*
*200 g Crème fraîche*
*125 ml Weißwein*
*Salz, Pfeffer*

**Zubereitung:**

1. Kartoffeln schälen und in grobe Würfel schneiden. Zwiebel schälen und würfeln.
2. Zwiebeln in Rapsöl glasig dünsten. Mit der Gemüsebrühe aufgießen, Kartoffeln zugeben und bei mittlerer Hitze köcheln lassen, bis die Kartoffeln weich sind.
3. Parmesan reiben, Schafgarbe und Knoblauchsrauke waschen und klein hacken.
4. Die Suppe pürieren und den geriebenen Käse, die Kräuter und die Crème fraîche unterziehen.
5. Mit Weißwein, Salz und Pfeffer abschmecken.

# Wärmender Zaubertrunk

*Zutaten:*
*1 Handvoll junge Schafgarbenblätter*
*1 l Weißwein (halbtrocken z.B. Riesling)*
*Saft von 1 Orange*
*Saft von 1 Zitrone*
*2 Nelken*
*1/2 Zimtstange*
*Kandiszucker nach Belieben*

**Zubereitung:**

1. Die Schafgarbenblätter waschen, trocken tupfen und klein schneiden.
2. Weißwein, Orangen-, Zitronensaft und die Kräuter erhitzen. Nelken und Zimtstange zugeben und 30 Min. ziehen lassen.
3. Anschließend abseihen.
4. Nach Belieben 1-2 Teelöffel Kandiszucker in die Tasse geben und das heiße Getränk einschenken. Das leichte Knistern des Zuckers und das herrliche Aroma sorgen für einen verzauberten Abend!

# Holunder

*(Sambucus)*

Vorsicht:
rohe Beeren sind giftig,
erst in gekochtem Zustand sind
sie reich an Vitamin C!

- **Sammelzeit:** Blüten Mai bis Juli, reife Früchte August bis September
- **Inhaltsstoffe:** ätherische Öle, Vitamine, Mineralstoffe, Gerbstoffe und Schleimstoffe
- **Heilwirkung:** schweißtreibend, Stärkung der allgemeinen Abwehrkräfte, schleimlösend und schwach hantreibend
- **Anwendung:**
  - Bei Erkältungskrankheiten wirkt ein Tee fiebersenkend, schweiß- und harntreibend. Er unterstützt den Heilungsprozess bei fiebrigen Erkältungen. Mit dem Trinken des Tees wird der Körper angeregt, die Körpertemperatur zu erhöhen.
  - Die reifen Früchte der Holunderbeeren sollten direkt nach der Ernte verarbeitet werden, weil sie zu Schimmel neigen.

Meistens werden die Beeren zu Saft, Mus oder Marmelade verarbeitet. Mit einem Dörrgerät oder im Backofen kann man die Beeren auch trocknen.

# Holunderdip

*Zutaten:*
*100 g Holunderbeerengelee*
*(Rezept siehe S. 41)*
*100 g Schmand*
*1 reife Birne*
*1/2 Becher Sahne*
*Salz*
*frisch gemahlener Pfeffer*

**Zubereitung:**

1. Das Holundergelee mit einem Schneebesen glattrühren, sodass es keine Klümpchen mehr hat. Mit dem Schmand verrühren.
2. Die Birne schälen, entkernen, in kleine Stücke schneiden und unterrühren.
3. Schlagsahne steif schlagen, kurz vor dem Servieren unterheben.
4. Den Dip mit Salz und Pfeffer abschmecken.

# Holunderbeerengelee

*Zutaten:*
*1,5 kg vollreife Holunderbeeren*
*2 weiche Birnen*
*1/4 l Rotwein*
*3 EL Rohrzucker*
*1 Zimtstange*
*6 Nelken*
*500 g Gelierzucker 2:1*
*1 EL Zitronensaft*

**Zubereitung:**

1. Die Holunderbeeren gründlich waschen. Auf Küchenpapier abtropfen lassen. Die Beeren von den Stielen streifen. Die Birnen waschen, schälen, vierteln, das Kerngehäuse entfernen. Birnenviertel klein würfeln.
2. 500 ml Wasser mit Rotwein, Rohrzucker, Zimtstange und Nelken aufkochen. Holunderbeeren und Birnen dazugeben und in 10-15 Min. weich kochen. Gewürze entfernen.
3. Ein Sieb mit einem Tuch auslegen und über die Schüssel hängen. Die Fruchtmasse hineingießen und den Saft abtropfen lassen. Das Tuch zusammendrehen, bis kein Saft mehr austritt.
4. Holundersaft, wenn nötig, mit Wasser auf 1 l auffüllen. In den Topf gießen, mit Gelierzucker und Zitronensaft zum Kochen bringen und 4 Min. sprudelnd kochen lassen. Gelierprobe nicht vergessen.
5. Das Gelee in heiß ausgespülte Gläser füllen und verschließen.

# Hollerröster

*Zutaten:*
*500 g Holunderbeeren*
*500 g Zwetschgen*
*200 g Zucker*
*2 Zimtstangen*
*5 Nelken*
*1 l Wasser*

**Zubereitung:**

1. Die Holunderbeeren waschen und abrebeln (entstielen). Die Zwetschgen waschen, halbieren und entkernen.
2. Die Beeren und Zwetschgen zusammen mit Zucker, Zimtstangen und Nelken im Wasser ca. 20 Min. köcheln lassen.
3. Zimtstange und Nelken entfernen.
4. Den Hollerröster noch warm servieren oder heiß in vorbereitete Gläser füllen, sofort verschließen und auf dem Kopf stehend abkühlen lassen.

Tipp: Schmeckt traditionell zu Kartoffelschmarrn, Milchreis, Grießbrei oder Pfannkuchen.

# Holunderbeeren-Kräuter-Sirup

*Zutaten:*
*1 kg Holunderbeeren*
*2 Handvoll Salbei*
*2 Handvoll Thymian*
*1 l Wasser*
*1 kg Zucker*

Gut in der Erkältungszeit

**Zubereitung:**

1. Die Holunderbeeren abzupfen und die Kräuter verlesen.
2. Das Wasser aufkochen und mit den Beeren und den Kräutern so lange kochen, bis die Beeren aufgeplatzt sind (ca. 30 Min.).
3. Den Saft durch ein Safttuch in einen anderen Topf füllen, über Nacht abtropfen lassen.
4. Den Saft mit dem Zucker aufkochen, 5 Min. köcheln lassen und in saubere, heiß ausgespülte Flaschen füllen und verschließen.

Tipp: Heißer Holundersaft (Sirup mit heißem Wasser verdünnen; 100 ml Sirup auf 250 ml Wasser) ist eine natürliche Vitamin-C-Quelle.

# Holunderblütensirup

*Zutaten:*
*20 g Holunderblüten*
*1 l Wasser*
*15 g Zitronensäure*
*1 kg Zucker*
*500 g Bio-Zitronen*

**Zubereitung:**
1. Holunderblüten vorsichtig in stehendem Wasser waschen und abtropfen lassen, evtl. nur ausschütteln, damit der Blütenstaub haften bleibt.
2. 1 l Wasser, Zucker und Zitronensäure gut aufkochen.
3. Zitrone in Scheiben schneiden. Holunderblüten und Zitronenscheiben dazugeben.
4. Zugedeckt mindestens zwei Tage bei Zimmertemperatur ziehen lassen. Dabei zwischendurch umrühren.
5. Durch ein feines Sieb oder ein Mulltuch gießen, erneut aufkochen und heiß in saubere Flaschen füllen. Fest verschließen und kühl und dunkel lagern. Hält sich ungeöffnet etwa 1 Jahr.

Tipp: Schmeckt herrlich mit Sprudelwasser oder Sekt.

# Holunderblüten-Rosen-Likör

*Zutaten:*
*4 Holunderblüten*
*4 gelbe oder weiße Duftrosen*
*190 g weißer Kandiszucker*
*1 Vanilleschote*
*750 ml Korn 32%*
*(alternativ: Wodka)*

**Zubereitung:**
1. Die Holunderdolden von kleinen Käfern und anderen Tieren befreien. Die groben Stiele von den Dolden trennen, die Blüten in ein Glas geben.
2. Die Blütenblätter der Duftrosen dazu tun.
3. Die Vanilleschote halbieren und Vanillemark und Kandis zu den Blüten geben. Mit Korn auffüllen.
4. Das Ganze sechs bis acht Wochen an einem nicht zu sonnigen Ort ziehen lassen, abfiltern und in Flaschen füllen.
5. Es empfiehlt sich, den Likör ein halbes Jahr im Keller „reifen“ zu lassen, damit er seinen Geschmack voll entfalten kann.

# Spitzwegerich

*(Plantago lanceolata)*

* **Sammelzeit:** Mai bis August
* **Inhaltsstoffe:** Schleimstoffe, Saponine, Gerbstoffe, Kieselsäure, Vitamin C, ätherisches Öl, Lab-Enzym
* **Heilwirkung:** Bei innerlicher Anwendung wirkt Spitzwegerich antibakteriell und entgiftend, was eine positive Wirkung für die Leber und das Blut hat. Äußerlich angewendet ist der Spitzwegerich als Wiesenpflaster für alle Wunden und Hautschäden unentbehrlich. Die Pflanze besitzt blutstillende und antibakterielle Wirkstoffe.
* **Anwendung:**
  Der Spitzwegerich ist die beste Medizin für unterwegs, wenn man sich beim Wandern leicht verletzt hat. Einfach ein Spitzwegerichblatt zwischen den Fingern verreiben, auf die Wunde legen und mit einem zweiten Spitzwegerichblatt fixieren. Der Pflanzensaft hilft gegen Abschürfungen, leichte Verbrennungen, kleine offene Wunden, Insektenstiche und Quetschungen.

# Wildkräuter-Smoothie

*Zutaten:*
*2 Blätter Mangold*
*2 Blätter Sauerampfer*
*1 Handvoll Brennnessel*
*1 Handvoll Spitzwegerich*
*6 Blätter Löwenzahn*
*6 Blätter Schafgarbe*
*2 Blätter Giersch*
*4 Blätter Gundermann*
*1 Apfel*
*200 ml Magerjoghurt*
*Salz, Pfeffer*

**Zubereitung:**

1. Alle Blätter waschen, trockenschütteln und die groben Stiele entfernen.
2. Den Apfel waschen, entkernen und vierteln.
3. Das grüne Blattgemüse kommt unten in den Behälter, die restlichen Zutaten liegen oben auf – dann den Joghurt hinzugeben.
4. Anschließend auf höchster Stufe mixen, Nur so ist ein optimales Aufbrechen der grünen Blattgemüsefasern gewährleistet.
5. Sollte der Smoothie ein wenig zu dick sein, etwas Wasser hinzugeben und erneut kurz mixen.
6. Nach Belieben mit etwas Salz und Pfeffer abschmecken, in Gläser verteilen.

# Die Neunerlei-Suppe für den Gründonnerstag

*Zutaten:*
*je 1 Handvoll*
*Spitzwegerich,*
*Brennnessel,*
*Giersch,*
*Löwenzahn,*
*Bärlauch,*
*Sauerampfer,*
*Vogelmiere,*
*Schafgarbe,*
*Gänseblümchen*
*1 Zwiebel*
*2 EL Butter*
*3 EL Dinkelmehl*
*1 1/2 l Gemüsebrühe*
*1 EL Schmand*
*Salz, Pfeffer*
*Zitronensaft*
*Muskatnuss*

**Zubereitung:**

1. Jeweils eine Handvoll Kräuter waschen und klein hacken.
2. Die Zwiebel schälen, klein würfeln und in Butter anschwitzen. Das Mehl darüber stäuben und leicht anbräunen.
3. Mit der Gemüsebrühe ablöschen, kräftig rühren, damit keine Klumpen entstehen. In die kochende Brühe die geschnittenen Kräuter geben und 10 Min. leicht ziehen lassen.
4. Anschließend 1 EL Schmand hinzufügen, mit Salz, Pfeffer, einem Spritzer Zitronensaft und Muskatnuss abschmecken.
5. Die Suppe mit dem Mixstab pürieren.

Tipp: Gerade im Frühjahr sollte man die frischen Wildkräuter genießen, denn sie haben eine reinigende und stärkende Wirkung auf unseren Körper.

# Spitzwegerichtaler

*Zutaten:*
*120 g Butter*
*1 Ei*
*1 1/2 EL Honig*
*1 Handvoll junge Spitzwegerichblätter*
*10 Spitzwegerichknospen*
*50 g Dinkelvollkornmehl*
*50 g Haferflocken*
*TL Backpulver*

**Zubereitung:**

1. Butter mit Ei und Honig schaumig rühren.
2. Den Spitzwegerich und die Spitzwegerichknospen sehr fein schneiden und mit Mehl, Haferflocken und Backpulver unter die Schaummasse rühren.
3. Das Backblech mit Backpapier auslegen und mit einem Teelöffel kleine Häufchen auf das Blech setzen. Nicht zu nahe zusammensetzen, da die Taler etwas auseinander laufen.
4. **Backzeit:** 10 Min. bei 170 °C Umluft (aufpassen, die Taler werden schnell braun).

Knabberspaß

# Vogelmiere

*(Stellaria media)*

**Sammeltipp:** Die Vogelmiere blüht von März bis Oktober mit weißen Blüten, die wie winzige Sterne aussehen. Die fünf weißen Kronblätter sind zweigeteilt, sodass sie auf den ersten Blick wie jeweils zwei Blütenblätter aussehen.

- **Sammelzeit:** ganzjährig, besonders im Frühjahr und Sommer
- **Inhaltsstoffe:** Vitamine, Cumarine, Mineralien, Oxalsäure, Schleim, Zink, ätherische Öle
- **Heilwirkung:** regt den Stoffwechsel an, wirkt schleimlösend, hilft bei Hautproblemen
- **Anwendung:** Als Tee (Aufguss) kann man die ogelmiere, getrocknet oder frisch, zur Anregung des Stoffwechsels trinken.
  Vogelmierentee wirkt schleimlösend und hilft bei Husten und Bronchitis.
  Äußerlich als Waschung, Umschlag oder Bad eingesetzt, kann man Vogelmieren-Tee bei Hautproblemen einsetzen. Er hilft gegen Juckreiz und Ekzeme.

# Kartoffelsalat mit Gurke

*Zutaten:*
*1 kg Kartoffeln (festkochend)*
*1 rote Zwiebel*
*1/4 l Gemüsebrühe*
*2 EL Essig*
*4 EL Öl (Rapsöl)*
*1 Handvoll Vogelmiere*
*1/2 Salatgurke*
*Salz, Pfeffer*

**Zubereitung:**

1. Kartoffeln mit der Schale ca. 25 Min. kochen, dann mit kalten Wasser abschrecken.
2. Die Kartoffeln pellen, in Scheiben schneiden und in eine Schüssel geben. Die Zwiebel klein würfeln und zufügen.
3. Die Brühe erwärmen, Essig und Öl unterrühren, mit Pfeffer und Salz abschmecken und über die warmen Kartoffeln gießen. Diese darin 15 Min. durchziehen lassen.
4. Die Vogelmiere waschen und klein schneiden. Die Gurke schälen und raspeln.
5. Vogelmiere und die geraspelte Gurke unterheben, nochmals mit Salz, Pfeffer und evtl. Essig abschmecken.

# Topfenspätzle mit Gemüse

*Zutaten:*
*250 g Mehl*
*3 Eier*
*250 g Topfen*
*(40% Fett)*
*1 Stange Lauch*
*3 Gelbe Rüben*
*5 junge Gierschblätter*
*Salz, Pfeffer*
*1 Handvoll kleinge-*
*schnittene Vogelmiere*
*200 g geriebener Briekäse*

**Zubereitung:**

1. Aus Mehl, Eiern und Topfen einen zähen Teig rühren und 20 Min. ruhen lassen.
2. Den Teig portionsweise mit einem Spätzlehobel in kochendes Salzwasser hobeln. Die Knöpfle sind fertig, wenn sie an der Wasseroberfläche schwimmen. Mit dem Sieblöffel abschöpfen.
3. Den Lauch und die Gelben Rüben waschen, schälen und klein schneiden. Etwas Öl in einem Topf erhitzen und das Gemüse bissfest dünsten.
4. Die Gierschblätter fein schneiden und zum Gemüse geben, kräftig mit Salz und Pfeffer abschmecken, unter die Spätzle heben.
5. Vogelmiere darüber streuen und mit Briekäse bestreuen.

# Vogelmieresalat mit Ei

*Zutaten:*
*400 g Vogelmiere*
*4 Lauchzwiebeln*
*4 Tomaten*
*4 gekochte Eier*
*Dressing:*
*1 EL mittelscharfer Senf*
*EL EL Sauerrahm*
*4 EL Naturjoghurt*
*2 EL Zitronensaft*
*Salz*
*Pfeffer*

**Zubereitung:**

1. Vogelmiere waschen und klein schneiden, Lauchzwiebeln in feine Scheiben schneiden, Tomaten würfeln.
2. Auf Tellern anrichten, Eier schälen, vierteln und dekorativ auf den Salat setzen.
3. Für die Marinade Senf, Sauerrahm, Naturjoghurt, Zitronensaft, Salz und Pfeffer in einer Schüssel kräftig verrühren.
4. Vor dem Servieren mit einem Löffel die Marinade auf dem Vogelmieresalat verteilen.

# Wiesenbärenklau

*(Heracleum sphondylum)*

*Ist der Stängel kantig rau,*
*ist es Wiesenbärenklau.*
**Sammeltipp:** Die jungen Blätter des Wiesen-Bärenklau können in Salat gegessen, oder z.B. wie Spinat zubereitet werden.

- **Sammelzeit:** August und September
- **Inhaltsstoffe:** Eiweiß, Vitamin C, Provitamin A, Eisen, Magnesium, Kalium, Calcium, ätherische Öle, Furanocumarine
- **Heilwirkung:** schleimlösend und beruhigend, stärkt die Verdauungsorgane
- **Anwendung:** Man kann das Kraut und die Wurzeln des Bärenklaus als Tee oder als Tinktur verwenden.
- **Hinweis:** Furancomarine auf der Haut können bei Sonneneinstrahlung rote Pusteln oder Striemen hinterlassen, die sogenannte Wiesendermatitis. Empfindliche Personen sollten daher Handschuhe beim Ernten verwenden.

# Herzhafter Gemüseeintopf

*Zutaten:*
*600 g Kartoffeln (festkochend)*
*300 g Gelbe Rüben*
*300 g Lauch*
*2 Zwiebeln*
*4 EL Butter*
*1 l Gemüsebrühe*
*200 g Wiesenbärenklau-blätter mit Stiel*
*200 g Brennnesselblätter*
*Salz, Pfeffer*
*Majoran*
*2 EL feingeschnittene Gierschblätter*

**Zubereitung:**

1. Die Kartoffeln waschen, schälen und in kleine Würfel schneiden, gelbe Rüben in Scheiben und den Lauch in feine Ringe schneiden. Zwiebeln schälen und fein hacken.
2. Butter im Topf erhitzen und das Gemüse andünsten. Mit Gemüsebrühe ablöschen und die feingeschnittenen Wildkräuter dazugeben.
3. Nochmals 10 bis 15 Min. köcheln lassen. Mit Salz, Pfeffer und Majoran abschmecken. Mit feingeschnittenem Giersch garnieren.

# Quiche mit Wildkräutermischung

*Zutaten für ein Blech:*
***Teig:***
*400 g Dinkelmehl*
*200 g Butter*
*8 EL Milch*
*1 TL Salz*
***Belag:***
*mindestens 3 Handvoll kleingeschnittene Wildkräuter*
*.B. Wiesenbärenklau, Giersch, ȝrennnessel, Spitzwegerich, ...)*
*200 g durchwachsener Speck*
*3 Zwiebeln*
*4 Eier*
*400 g Sauerrahm*
*Salz, Pfeffer*
*200 g geriebener Käse*

**Zubereitung:**

1. Mehl auf die Arbeitsfläche häufen, eine Mulde in die Mitte drücken. Eiskalte Butter in die Mulde reiben, Milch und eine Prise Salz hinzufügen. Alle Zutaten zu einem Teig kneten. Teig in Frischhaltefolie wickeln und für 30 Min. kalt stellen.
2. Das „Wildgemüse“, Speck und Zwiebeln klein schneiden und anbraten.
3. Den Mürbeteig mit einem Nudelholz ausrollen, in eine Quicheform geben und festdrücken.
4. Eier und Sauerrahm gemeinsam mit Salz, Pfeffer, Zwiebeln, Speck und Wildgemüse in einer Schüssel verrühren und anschließend auf den Teig geben. Geriebenen Käse darüber streuen.
   **Backzeit:** 35 Min. bei 180 °C Ober-/Unterhitze

# Kräuter-Kartoffelküchlein

*Zutaten:*
*750 g Kartoffeln (festkochend)*
*100 g Dinkelmehl*
*1 Ei*
*100 g Schinken gekocht*
*1 Zwiebel*
*5 EL kleingeschnittener Wiesenbärenklau*
*Salz, Pfeffer*
*Öl zum Ausbacken*

**Zubereitung:**

1. Kartoffeln waschen, mit der Schale in Wasser kochen und ca. 25 Min. garen. Abgießen, abschrecken und pellen.
2. Kartoffeln noch heiß durch die Presse drücken und ca. 20 Min. abkühlen lassen. Mehl und Ei unter die Kartoffelmasse ziehen.
3. Schinken, Zwiebel und Bärenklau klein schneiden und mit den Kartoffeln mischen. Mit 1 Prise Salz und Pfeffer würzen.
4. Eine Rolle formen, fingerbreite Scheiben abschneiden und leicht platt drücken.
5. In einer Pfanne Öl erhitzen und die Kartoffelküchlein ca. 3 Min. goldgelb braten, dann wenden und in 2 Min. fertig backen.

**Tipp:** Dazu passt ein knackiger Salat oder ein feiner Dip.

**Schneller Dip:**

1 Becher Naturjoghurt mit etwas Kräutersalz, Pfeffer und 3 EL Quark vermischen. Zum Schluss einen Schuss Mineralwasser dazugeben.

# Wiesenlabkraut

*(Galium aparine)*

- **Sammelzeit:** Juli
- **Inhaltsstoffe:** viel Kieselsäure, Gerbstoffe, organische Säuren und Flavonoide
- **Heilwirkung:** krampflösend, blutreinigend, schleimlösend, nervenberuhigend, drüsenanregend, wassertreibend
- **Anwendung:** Labkrauttee reinigt Niere, Leber, Bauchspeicheldrüse und Milz von Krankheitsstoffen.

# Grünkernnockerl

*Zutaten:*
*250 g Grünkern, geschrotet*
*250 ml Gemüsebrühe*
*250 ml Milch*
*Salz, Pfeffer*
*Muskatnuss*
*2 Eier*
*1 Handvoll Wiesenlabkraut*
*30 g geriebener Parmesan*

**Zubereitung:**

1. Grünkern mit der Brühe und der Milch aufkochen, würzen und die Eier unterrühren.
2. Das Labkraut klein schneiden und untermengen.
3. Kleine Pflanzerl formen und in einer Pfanne mit heißer Butter auf beiden Seiten goldbraun anbraten und mit Parmesan bestreuen. Dazu passt ein Wildkräutersalat.

Tipp: Die Nockerl schmecken auch gut als Suppeneinlage: Gemüsebrühe erhitzen. Nockerl abstechen und in der Brühe etwa 10 Min. ziehen lassen.

# Wildkräutersalat

*Zutaten:*
*1 Kopfsalat*
*1 Handvoll Labkrautspitzen*
*1 Handvoll junger Giersch*
*1 Handvoll Gänseblümchen (Blüten u. Blätter)*
*1 Handvoll junge Löwenzahnblätter*
*1/2 Bund Radieschen*
*Dressing:*
*Saft einer Zitrone*
*4 EL Naturjoghurt*
*1 TL Honig*
*1 TL scharfer Senf*
*4 EL Kürbiskernöl*
*3 EL Olivenöl*
*Salz, Pfeffer*

**Zubereitung:**

1. Den Salat und die Kräuter waschen, verlesen und trocken schleudern. Radieschen waschen und klein schneiden.
2. Für das Dressing Joghurt, Honig, Senf, Kürbiskern- und Olivenöl vermischen. Mit Salz und Pfeffer abschmecken.
3. Den Salat anrichten, mit Dressing beträufeln.

Sommerfreuden

# Frischkäsebällchen mit Labkraut und Blüten

*Zutaten:*
*200 g Frischkäse*
*200 g Labkraut mit feinen Blättern*
*Salz*
*Pfeffer aus der Mühle*
*essbare Blüten (z.B. roter Klee, Bärlauchblüten, Kapuzinerblüten, ...)*

**Zubereitung:**

1. Den Frischkäse mit 100 g kleingeschnittenem Labkraut gut vermischen. Mit Salz und Pfeffer abschmecken.
2. Mit einem Teelöffel kleine Portionen abstechen und mit feuchten Händen zu kleinen Kugeln formen.
3. Das restliche Labkraut mit den kleingezupften Blüten mischen und die Frischkäsekugeln darin wälzen.

Tipp: Die Frischkäsebällchen sind ein echter Hingucker und schmecken auf frischem, knusprigem Bauernbrot.

# Labkrautsahne zu marinierten Erdbeeren

*Zutaten:*
*5 Stängel blühendes Wiesenlabkraut*
*200 ml Sahne*
*1 Pck. Vanillezucker*
*1 kg Erdbeeren*
*4 EL Honig*
*2 EL Zitronensaft*

**Zubereitung:**

1. Das Wiesenlabkraut mit der Sahne aufkochen und über Nacht im Kühlschrank ziehen lassen.
2. Die Blüten vorsichtig ausdrücken. Sahne mit Vanillezucker steif schlagen.
3. Erdbeeren waschen, vierteln und mit Honig und Zitronensaft marinieren.
4. In Portionsschälchen anrichten und die Sahne darüber geben.

# Naturkosmetik

## Salben, Öle und Tinkturen

- **Herstellung:** Einfache Haushaltsgeräte, die sauber und trocken sind, verwenden. Um sicherzugehen, kann man sämtliche Gerätschaften mit Alkohol auswischen.
- **Sammeln:** an einem sonnigen Tag zwischen 11.00 und 15.00Uhr. Kräuter zum Trocknen sollten nach Möglichkeit nicht gewaschen werden.
- **Trocknen:** Kräuter zu einem Strauß binden – darauf achten dass die Bindestelle von Blättern frei ist. Den Strauß an einem schattigen, luftigen Platz aufhängen. Die getrockneten Kräuter bewahrt man am besten in Blechdosen auf.
- **Produkte:** Kakoabutter, Bienenwachs, ätherische Öle, ... sind im Bioladen, Reformhaus oder in der Apotheke erhältlich.

## Dagegen helfen diese Salben …

* **Ringelblumen:** schlecht heilende Wunden, Narben, Verkrustungen der Nasenschleimhaut, raue Haut, besonders an Fersen/Ellbogen. Die milde Salbe ist auch für Kinder gut geeignet.

* **Spitzwegerich:** Wespen-/Bienenstiche, Brennnesselverletzungen und kleine Wunden

* **Zitronenmelisse:** Lippenherpes, beim ersten Kribbeln mehrmals am Tag auftragen

* **Beinwellwurzeln:** Knochen- und Venenerkrankungen

* **Schafgarbe:** Verletzungen der Haut, nimmt den Juckreiz bei Hämorrhoiden

# Grundrezept Frischpflanzensalbe

*Sie benötigen:*
*1 Handvoll kleingeschnittene, frische Pflanzenteile (Beinwellwurzeln, Ringelblume, Schafgarbe, Spitzwegerich, Zitronenmelisse)*
*250 ml natives Olivenöl oder Mandelöl*
*50 g Kakaobutter*
*50 g feingeraspeltes Bienenwachs*

**Zubereitung:**

1. Die sauberen und trockenen Pflanzenteile im Öl langsam erhitzen, maximal auf 70 °C. Mindestens 30 Min. unter ständigem Rühren ziehen lassen.
2. Öl mit den Pflanzenteilen über Nacht stehen lassen.
3. Am nächsten Tag das Pflanzen-Öl-Gemisch auf 70 °C erwärmen und mit einem Haarsieb abseihen.
4. Erneut auf 70 °C erwärmen, die Kakaobutter unterrühren, von der Kochplatte nehmen und zuletzt das Bienenwachs einrühren.
5. Salbendöschen mit Alkohol auswischen und die noch warme Salbe eingießen.
6. Den Deckel erst nach vollständigem Erkalten der Salbe aufsetzen. Die Salbe hält bei kühler Lagerung bis zu einem Jahr.

## Dabei helfen diese Tinkturen …

* **Arnika:** schmerzende Gelenke (Einreiben) und offene Wunden (Desinfizieren)

* **Johanniskraut:** innere Unruhe, Schwermut und schlechte Nerven (innerlich 3 x täglich 10 Tropfen auf ein Schnapsglas lauwarmes Wasser)

* **Gänseblümchen:** Akne, unreine Haut, entzündungshemmend (Problemzonen abtupfen)

* **Beinwell:** Verrenkungen und Verstauchungen oder Überanstrengung (Tinkturumschläge)

* **Bärlauch:** fördert das Gedächtnis, hilft gegen Arterienverkalkung, entgiftet den Körper und fördert die Durchblutung (innerlich 3 x täglich 10 Tropfen auf ein Schnapsglas lauwarmes Wasser)

# Grundrezept Pflanzentinktur

*Sie benötigen:*
*1 Handvoll frische Pflanzenteile (Arnika, Bärlauch, Beinwell, Gänseblümchen, Johanniskraut)*
*200 ml Korn oder Wodka (40 %)*
*1 weithalsige Glasflasche*
*1 dunkle Flasche zum Umfüllen*

**Zubereitung:**

1. Saubere Blüten und Pflanzenteile in eine weithalsige Glasflasche füllen, mit 40 %-igem Alkohol aufgießen, sodass alle Pflanzen gut bedeckt sind.
2. An einem warmen Platz mindestens 3 Wochen stehen lassen, ab und zu schütteln.
3. Die Blüten aus dem Alkohol herausfiltern und in dunkle Flaschen umfüllen.
   Der Alkohol in den Tinkturen trocknet die Haut aus, darum ist es ratsam, die Haut vor Tinktur-Umschlägen mit Ringelblumensalbe einzureiben.

**Tipp:** Faustregel: Pflanzen müssen beim Ansetzen immer gut bedeckt sein.

## Dagegen helfen diese Öle …

* **Ringelblumen:** kleine Verletzungen, Narbenpflege

* **Johanniskraut:** Sonnenbrand, Verletzungen, Narben

* **Gundermann:** geschädigte Haut, eiternde Wunden

* **Kamille:** wunden Kinderpopo, Nervenschmerzen

* **Malve:** pflegt trockene Haut, hilft bei Ausschlägen und Ekzemen

# Grundrezept pflegende Ölauszüge

*Sie benötigen:*
*1 Handvoll kleingeschnittene, frische Pflanzenteile (Gundermann, Johanniskraut, Kamille, Malve, Ringelblume)*
*200 ml Mandelöl (alternativ Distelöl)*

**Zubereitung:**

1. Pflanzenteile oder Blüten bei trockenem Wetter pflücken und gut antrocknen lassen.
2. Die kleingezupften Kräuter in ein weißes Glas geben und mit Öl bedecken. Die Kräuter müssen vollkommen mit Öl bedeckt sein, um keinen Schimmel anzusetzen.
3. Die Flasche oder das Glas verschließen und mindestens 3 bis 4 Wochen an einem sonnigen Platz stehen lassen.
4. Anschließend abseihen und in einer dunklen Flasche aufbewahren.
   Die Öle sind bis zu einem Jahr haltbar.

# Entspannendes Badesalz

*Sie benötigen:*
*100 g Totes-Meer-Salz*
*1 Handvoll getrocknete Rosenblüten*
*1 Handvoll getrocknete Lavendelblüten*
*1 Handvoll getrocknete Melisse*
*5 Tropfen ätherisches Öl (Rose oder Lavendel)*
*1 weithalsiges Glas*

**Zubereitung:**

1. Salz und die Kräuter schichtweise in ein Glasfüllen.
2. 5 Tropfen ätherisches Rosen- oder Lavendelöl dazugeben und vorsichtig schütteln. Mindestens 2 Wochen ziehen lassen.

Geschenktipp

# Lippenpflege selbstgemacht

*Sie benötigen:*
*10 g Bienenwachs*
*10 g Sheabutter*
*20 g Mandelöl*
*1/2 TL Honig*

**Zubereitung:**

1. Das Bienenwachs, die Sheabutter und das Mandelöl vorsichtig schmelzen. Dann den Honig einrühren.
2. Die Masse in eine Lippenstifthülle oder in ein kleines Döschen abfüllen.

# Feine Blütenseife

*Sie benötigen:*
*5 EL fein geriebene Kern- oder Olivenölseife*
*1 EL Kräutertee*
*1 TL Olivenöl*
*getrocknete Rosenblätter, Ringelblume oder Lavendelblüten nach Belieben*
*10 Tropfen ätherisches Öl (z.B. Lavendel, Grapefruit)*

**Zubereitung:**

1. Alle Zutaten in eine Schüssel geben und mit den Händen so lange kneten, bis eine gleichmäßige Masse entstanden ist.
2. Diese Seifenmasse formen und mindestens 2 Wochen offen trocknen lassen.

Tipp: Wenn man eine farbige Seife möchte, einfach ein paar Tropfen Lebensmittelfarbe mit unterkneten.

Kinderleicht – das Rezept eignet sich besonders für Kindergeburtstage!

- **Die Herstellung kaltgerührter Seife gehört nicht in die Hände von Kindern!** Laugenstein, überhitzte Fette und hochkonzentrierte Duftöle können leicht zu Unfällen und Verletzungen führen.
- **Die gute Nachricht:** Seifenreste bzw. überschüssige Seifestücke sind für verschiedene Spielereien hervorragend geeignet, die Kinder können ihre eigenen Seifen formen und auch kleine Geschenke basteln.

# Hausgemachter Franzbranntwein

*Sie benötigen:*
*1 Handvoll junger Triebe von Fichte, Tanne, Kiefer und Wacholder*
*je 2 Zweige Lavendel, Rosmarin, Estragon, Minze*
*1 kleine Ingwerwurzel*
*6 Wacholderbeeren*
*500 ml Weingeist (80 % Vol.)*

**Zubereitung:**

1. Alle Pflanzenteile in ein verschließbares Glas geben und mit Alkohol übergießen.
2. Glas verschließen und an einem sonnigen Platz mindestens 3 Wochen stehen lassen. Dann abseihen und noch ein paar Wochen nachreifen lassen.
3. Vor dem Verwenden mit der gleichen Menge an destilliertem Wasser verdünnen, z.B. 1 l Alkohol – 1 l Wasser.

**Tipp:** Franzbranntwein wirkt lindernd bei Verstauchungen, Verspannungen und Schwellungen. Nach einer langen Wanderung kann man die überanstrengten Muskeln mit Franzbranntwein massieren, um der Entstehung von Muskelkater vorzubeugen.

# Milchkosmetik

## Milch und Kräuter für die Schönheit

* Schon Kleopatra wusste um die wertvollen Inhaltsstoffe der Milch und badete gerne darin. Ein Milchbad mit Blüten und Honig und einem Schuss Mandelöl verwöhnt die Haut und fördert die Zellregeneration. Milch ist reich an Nährstoffen wie Vitaminen, Mineralstoffen, wertvollen Fetten und Eiweißen, Milchzucker und Milchsäure.
* Wer Bedenken hat, ein so wertvolles Lebensmittel in die Wanne zu geben, sollte daran denken, dass es sich um eine Kosmetik ohne Tierversuche, ohne chemische Zusätze oder aufwendige Verpackung handelt.

# Blüten-Milch-Creme

*Sie benötigen:*
*40 ml Johanniskrautöl*
*30 ml Lavendelblütenöl*
*30 ml Mandelöl*
*50 ml Vollmilch (Zimmertemperatur)*
*für den feinen Duft je 10 Tropfen von zwei Aromaölen (z.B. Rosmarin und Zitronenmelisse)*

**Zubereitung:**
1. Blütenöle gut miteinander vermischen.
2. Die Milch mit dem Pürierstab in einem hohen Gefäß ca. 2 Min. rühren.
3. Vorsichtig etwas Öl dazugießen und unterrühren. Nach und nach das gesamte Öl zugeben und gründlich vermischen.
4. Kurz bevor die Masse cremig wird, die Aromaöle unterrühren.
5. Die fertige Creme in ein verschließbares Gefäß umfüllen.

## Tipp:

Die Creme bindet die Feuchtigkeit in der Haut, macht sie geschmeidig und regt die Zellerneuerung an.

# Gelbe-Rüben-Quarkmaske

*Sie benötigen:*
*1 Gelbe Rübe*
*5 Blätter Zitronenmelisse*
*1 EL Sahnequark*
*2 EL Milch*

**Zubereitung:**

1. Die Rübe fein reiben, Melisse sehr fein schneiden.
2. Milch und Quark unterrühren.
3. Alles zu einem glatten Brei verrühren, großzügig auf Gesicht und Hals auftragen, 15 Min. einwirken lassen und mit lauwarmem Wasser abwaschen.

**Tipp:** Die Maske regeneriert die Haut, stärkt ihren Schutzmantel und bewahrt sie vor dem Austrocknen.

# Glanzkur fürs Haar

*Sie benötigen:*
*3 EL Sahne*
*TL Weizenkeim- oder Olivenöl*
*1 TL Zitronensaft*

**Zubereitung:**

1. Alle Zutaten in einer Schüssel zusammenrühren.
2. Die Kur mit den Händen auf das feuchte Haar auftragen, mit einer Folie abdecken und mit cincm Handtuch umwickeln. 15 Min. einwirken lassen und mit einem milden Shampoo auswaschen.

**Tipp:** Die Packung bringt einen wunderschönen seidigen Glanz in stumpfes, strapaziertes und sprödes Haar.

# Milchbad „Samt und Seide"

*Sie benötigen:*
*2 l Vollmilch*
*200 g Honig*
*frische oder getrocknete Rosen- und Lavendelblüten*

**Zubereitung:**

1. Milch erwärmen, den Honig hineinrühren und die Blüten dazugeben.
2. Die Badewanne mit warmem Wasser (ca. 36 °C) füllen, die Milch hineingeben und gut verteilen. Weitere Blüten hineinstreuen.

**Tipp:** Regeneriert die Haut, stärkt ihren Schutzmantel und bewahrt sie vor dem Austrocknen.

# Peeling für die Hände

*Sie benötigen:*
*2 EL Olivenöl*
*1 TL Salz*
*1/2 l Milch*
*3 EL Honig*
*1 EL Ringelblumen*

**Zubereitung:**

1. Olivenöl und Salz in einer kleinen Schüssel vermengen. Die Hände kräftig ca. 2 Min. mit der Masse abrubbeln, mit lauwarmem Wasser säubern.
2. Für das Bad Milch erwärmen, Honig und Ringelblumen dazugeben. Die Hände darin etwa 10 Min. baden und mit lauwarmem Wasser säubern.

**Tipp:** Das Peeling löst alte Hautschuppen ab und sorgt dafür, dass die Pflegestoffe, die die Hände geschmeidig machen, besser aufgenommen werden.

# Obstkosmetik

## Natürliche Kräfte von Erdbeeren, Kirschen & Co.

Die Kräuterfrau Maria Walser weiß, wie Obst auch für die Pflege von Haar und Körper eingesetzt werden kann.

# Aprikosen-Creme für das Gesicht

*Sie benötigen:*
*2 sehr reife Aprikosen*
*1 TL frische oder getrocknete Zitronenmelisse*
*1 TL frische oder getrocknete Ringelblumenblüten*
*1/4 l Wasser*
*90 ml Mandelöl*
*15 g Sheabutter*
*10 g Bienenwachs*

**Zubereitung:**

1. Die Aprikosen enthäuten, die Kerne entfernen und pürieren.
2. Melisse und Ringelblumen mit 1/4 l kochendem Wasser übergießen, 10 Min. ziehen lassen und abseihen.
3. Das Öl im Wasserbad erwärmen. Sheabutter und Bienenwachs etwas zerkleinern, ins Öl geben und schmelzen lassen. 40 ml des Melisse-Ringelblumen-Suds dazugeben und verrühren.
4. Portionsweise die pürierte Aprikose zugeben und alles gut miteinander vermischen. In kleine Tiegel abfüllen und weiterrühren, bis die Creme kalt ist. Im Kühlschrank ist sie etwa 3 Wochen haltbar.

**Anwendung:**
Morgens und vor allem abends nach der Reinigung auftragen. Pflegt die trockene, spröde und reife Haut, spendet ihr Feuchtigkeit und sorgt für ein frisches Erscheinungsbild.

MEHL

# Kirschmaske für das Gesicht

*Sie benötigen:*
*6 Kirschen*
*1/2 TL Mandelkleie*
*1 TL Ringelblumentee*
*4 TL Vollkornmehl*

**Zubereitung:**
Die Kirschen pürieren und mit den anderen Zutaten zu einem Brei verrühren.

**Anwendung:**
Die Maske auf das Gesicht auftragen. 10–15 Min. einwirken lassen, dann mit lauwarmem Wasser abnehmen. Kirschen enthalten Betacarotin, sind antioxidativ, wehren freie Radikale ab und schützen so vor frühen Falten.

# Erdbeermaske für Gesicht und Dekolleté

*Sie benötigen:*
*4 Erdbeeren*
*1 EL Quark*
*1 TL Mandelöl*

**Zubereitung:**
Die Erdbeeren mit der Gabel zerdrücken, Quark und Öl dazugeben und gut vermischen.

**Anwendung:**
Die Maske auf das Gesicht und das Dekolleté auftragen. Etwa 20 Min. einwirken lassen und anschließend mit lauwarmem Wasser abwaschen. Die Erdbeermaske erfrischt, reinigt porentief und hilft der sonnengestressten Haut, sich zu erholen.

# Himbeerpackung für den Körper

*Sie benötigen:*
*50 g Himbeeren*
*1 TL Honig*

**Zubereitung:**
Die Himbeeren mit einer Gabel zerdrücken, den Honig dazugeben und gut verrühren.

**Anwendung:**
Die Mixtur mit einem Pinsel oder den Fingern auf die Haut auftragen und 20 Min. einwirken lassen. Anschließend mit lauwarmem Wasser vorsichtig abwaschen. Eine wunderbare Hilfe bei Sonnenbrand.

# Packung mit Beeren für die Haare

*Sie benötigen:*
*3 EL rote und schwarze Johannisbeeren*
*6 Erdbeeren*
*3 EL Heidelbeeren*
*1 EL Joghurt*

**Zubereitung:**
Die Beeren zusammen mit dem Joghurt pürieren.

**Anwendung:**
Die Paste auf das Haar auftragen und leicht einmassieren. Den Kopf mit einem Handtuch umwickeln und die Packung etwa 30 Min. einwirken lassen. Danach mit reichlich klarem Wasser ausspülen. Lässt das Haar glänzen und versorgt es mit wertvollen Vitaminen.

# Beerenpeeling für das Gesicht

*Sie benötigen:*
*20 Preiselbeeren*
*1 TL Haferflocken*
*2 TL Sahne*
*1 TL gemahlene Mandeln*

**Zubereitung:**
Alle Zutaten in eine Schüssel oder einen Mörser geben und pürieren.

**Anwendung:**
Die Maske auf das Gesicht und in das Dekolleté einmassieren und anschließend gut abspülen. Preiselbeeren enthalten viel Kalium, die Kosmetik mit diesen Früchten wirkt reinigend und vor allem entzündungshemmend

# Quittenöl für den Körper

*Sie benötigen:*
*1–2 Quitten*
*ca. 750 ml Mandel- oder Olivenöl*

**Zubereitung:**

1. Die Quitten schälen. Die Schalen in ein verschließbares Glas geben und das Öl darüber gießen. Die Früchte müssen gut bedeckt sein. 14 Tage an einem hellen Ort ziehen lassen, ab und zu schütteln.
2. Abfiltern und in eine dunkle Flasche füllen. Dunkel und kühl gelagert 6 Monate haltbar.

**Anwendung:**

Nach dem Duschen oder Baden leicht in die Haut einmassieren.

Das Öl schützt die trockene und empfindliche Körperhülle vor Umwelteinflüssen und gleicht den Feuchtigkeitshaushalt aus.

# Zitronenlotion für Nägel, Körper und Haare

*Sie benötigen:*
*2 ungespritzte Zitronen*
*3/4 l Apfelessig*

**Zubereitung:**
Die Zitronen schälen. Die Schalen im Essig ansetzen und 2 Wochen ziehen lassen. Abfiltern.

**Anwendung:**
Nach dem Duschen von Kopf bis Fuß damit einreiben. Vitamin C kräftigt das Bindegewebe, stärkt Haare und Nägel und sorgt für ein lang anhaltendes Frischegefühl.

# Der Glaswinkler Hof

stellt
sich vor

# Tomis Abenteuer

*Kennt ihr Tomi, den gutmütigen Berner Sennenhund? Er lebt auf dem Glaswinkler Hof von Maria im wunderschönen Tölzer Land, zusammen mit seinen tierischen Gefährten. Auf so einem Bauernhof ist immer etwas los. Es gibt neugierige Kühe, gackernde Hühner, faule Katzen und viele andere Tiere, über deren Abenteuer Tomi viel zu erzählen weiß.*

„Ich lebe jetzt schon seit 14 Jahren auf dem Hof von Maria und ihrem Mann Johann und möchte euch meine tierischen Freunde vorstellen. Ob ihr erratet, wen ich meine?

Hinten im Stall leben neugierige Vierbeiner, die im Sommer auf der Weide und im Winter im Stall sind. Sie haben umgedrehte Kleiderhaken auf dem Kopf und Handschuhe am Bauch, mein Frauchen die Tiere melkt, kommt Milch raus – die schmeckt auch mir. Wisst ihr, wen ich meine?

(Kühe)

(Ziegen)

Neben den Kühen, gibt es auf dem Hof Tiere, die wie die Kühe Kleiderhaken auf dem Kopf haben. Die laufen frei auf dem Hof herum und knabbern alles an, was sie finden. Manchmal bekommen sie richtig Ärger mit Maria, weil sie ihre geliebten Kräuter fressen. Warum die überhaupt da sind, weiß ich nicht so wirklich, denn außer meckern und streng riechen, können sie nichts. Habt ihr erraten, um welches Tier es sich handelt?

(Esel & Pferd)

Über die nächsten drei Vierbeiner lästere ich lieber nicht. Die sind nämlich richtig groß und wenn ich denen zu nahe komme, wischen sie mir mit ihrem Pinsel übers Gesicht. Einmal habe ich einen unliebsamen Tritt abbekommen. Das fühlte sich an, als hätte man mir mit einer Pfanne auf den Kopf gehauen. Auch wenn ich die drei Sturschädel nicht wirklich leiden kann, besuchen Kinder sie gerne. Dann lassen sich die Vierbeiner putzen, kraulen und satteln.

(Katzen)

Noch schlimmer als die sturen Esel sind die hinterhältigen mäusejagenden Schleimer. Sie schmeicheln den Zweibeinern um die Füße und schnurren, wenn man sie hinter den Ohren krault. Wenn ich den Tieren zu nahe komme, fahren sie ihre scharfen Krallen aus, machen einen Buckel und fauchen mich böswillig an. Also wenn ihr mich fragt, ich kann die Mäusejäger nicht leiden.

(Hühner)

Da sind mir die kleinen, aufgescheuchten Zweibeiner, die den ganzen Tag scharren, picken und gackern schon lieber. Jeden Morgen, wenn die Sonne aufgeht, weckt mich ihr „Kikeriki". Die Damen veranstalten ein Geschrei um kleine, weiße Bälle, mit dem man nicht spielen kann, weil sie sonst kaputt gehen. Maria geht jeden Tag in den Stall und sammelt sie ein. Was sie wohl damit macht?

(Hängebauchschwein)

Und unsere Paula ist ein ganz besonderer Fall. Eigentlich hat sie einiges mit mir gemeinsam. Entweder liegt sie gerne an sonnigen Plätzen oder ist auf der Suche nach Futter. Im Grunde genommen ist sie genauso verfressen wie ich. Statt zu bellen, gibt sie komische Grunzgeräusche von sich. Paula ist mir richtig ans Herz gewachsen.

(Lamas)

Ein ganz gewöhnlicher Bauernhof, denkt ihr jetzt wahrscheinlich. Doch ihr kennt unsere besonderen Mitbewohner noch nicht. Vor ein paar Jahren – an einem Nachmittag – fuhr ein Anhänger vor. Aus dem stolzierten drei fremd aussehende Vierbeiner mit lustigen Zehen, stockartigen Beinen und braunen Wollknäueln.
Ihr Kopf sitzt auf einem langen Hals und ihre Augen gleichen großen schwarzen Knöpfen, die einen freundlich anschauen. Und ihre Ohren sehen aus wie zwei Bananen.

(Alpakas)

Zu den drei komischen Wollknäueln kamen weitere Gesellen hinzu. Die sind kleiner. Statt Bananen gleichen ihre Ohren umgekehrten Eiswaffeln. Und wisst ihr was? Die Tiere können nur ein leises „mmmmmmmmmh“ von sich geben.
Wenn ich ehrlich bin, finde ich die lustig aussehenden Tiere ziemlich nett. Ich darf sie auf ihren Ausflügen mit den Zweibeinern begleiten. Im Vergleich zu den sturen Eseln kommen sie gerne mit auf Wanderschaft. Dann streifen wir durch den Wald, springen über Baumstämme, gehen durch Tunnel und über Wiesen, bergauf und bergab. Und das allerbeste ist, sie mögen Wasser genauso gerne wie ich. An Bächen legen wir meistens eine Rast ein. Die Wanderungen, die wir unternehmen, sind immer ein richtiges Abenteuer, wir entdecken Wichtelverstecke, finden besondere Waldschätze, riechen Tannenduft und hören den Specht klopfen.

Wenn wir von einer Wanderung zurückkommen, haben wir die Taschen voller Schätze und sind hungrig. Dann darf ich zusammen mit den Zweibeinern in das Tipi vom Indianer „Faule Socke“. Dort werden dann am großen Lagerfeuer Stockbrot und Würstchen gegrillt. Ein Indianer auf dem Glaswinklerhof? Neugierig? Von dem erzähle ich euch, wenn ihr mich besuchen kommt. Aber zurück zu meinen liebsten Freunden. Habt ihr eine Idee, was das für Tiere sein könnten?

# Wir stellen uns vor

## Die Hühner vom Hof

*Gock, gock,* ich bin Serafina – ein sogenanntes braunes Leghorn, auch Italiener genannt – und bin hier auf dem Glaswinkler Hof zusammen mit meinen Kolleginnen für die frischen Eier zuständig. Meine Vorfahren, die wilden Kammhühner legten 20 Eier im Jahr, unsereins hingegen zwischen 200 und 270 Eiern. Nicht schlecht, oder?

Unser Chef heißt Bonifaz und er weckt uns jeden Tag pünktlich um 4.30 Uhr mit einem lauten Krähen. Dann heißt es für uns Hennen raus aus den Federn. Nach einem ausgiebigen Frühstück, das aus frischem Wasser, feinem Körnermix und etwas Grünzeug besteht, machen wir uns an die Arbeit – denn dann heißt es: auf geht's zum Eier legen. Nach dem Eier legen gibt es für uns nichts Schöneres als ein Sandbad in der Sonne zu nehmen. Frühling und Spätsommer sind für mich und meine Kolleginnen die schönste Zeit des Jahres. Dann dürfen wir über den Hof marschieren und nach Herzenslust scharren und picken.

**Wie entsteht ein Ei?**

Der Legeapparat des Huhns schafft echte Hochleistung. Eine Henne hat nicht zwei, sondern einen Eierstock mit rund 4000 Eizellen und einem Eileiter. Dennoch kommt es fast alle 24 Stunden zu einem Eisprung. Im Eierstock reifen im Laufe von zwei Wochen mit Hilfe von Nährstoffen die gelben Dotterkugeln heran, die wir vom Frühstücksei her kennen. In ihnen schwimmt, mikroskopisch klein, die Eizelle. Die jeweils reifste und größte Dotterkugel löst sich aus dem Eierstock und beginnt ihre Reise durch den Eitrichter des Eileiters.

Im ersten Teil des Eileiters wird das Eiweiß, das sich als Schutz um den Dotter legt, hinzugefügt. Auf seinem weiteren Weg durch den Eileiter wachsen dem Ei zwei Verbindungsstränge oben und unten, die sogenannten Hagelschnüre.

Sie halten den Dotter in der Mitte und verhindern, dass er zu sehr geschüttelt wird. Im unteren Teil des Eileiters, in der Kalkkammer, bildet sich die Schalenhaut. Die Eierschale besteht aus Kalziumkarbonat und ist mit nur 0,3 mm Stärke unglaublich stabil. Die Farbe – weiß, braun oder grün – der Schale hängt von der Rasse des Huhns und vom einzelnen Huhn selbst ab. Sie hat jedoch keinen Einfluss auf den Geschmack des Eis. Durch die sogenannte Kloake legt die Henne schließlich das Ei.

**Vom Ei zum Huhn**

Zunächst einmal braucht die Henne einen Hahn. Erst durch den sogenannten Hahnentritt wird die Henne "begattet". Die Henne kann dann die Samen des Hahns bis zu vier Wochen in sich aufbewahren und somit können ihre Eier befruchtet werden. Hennen, die keinen Hahn haben, legen trotzdem Eier. Aus diesen Eiern werden jedoch keine Küken schlüpfen.

Wenn eine Henne brütig ist, bleibt sie den ganzen Tag auf ihrem Nest sitzen und verlässt es nur ganz kurz, um schnell etwas zu fressen und zu trinken. Die Eier werden jeden Tag vorsichtig von ihr mit dem Schnabel gedreht, damit sie überall die gleiche Temperatur haben. Ganz behutsam setzt sich die „Glucke" dann wieder auf ihre Eier und achtet sorgfältig darauf, dass keines vorschaut.

Nach 21 Tagen ist es dann endlich Zeit und die ersten Küken schlüpfen. Mit dem Eizahn, der auf dem winzigen Schnabel sitzt, klopft das kleine Küken von innen die Eierschale auf und kämpft sich mit viel Kraft ans Tageslicht. Nach ein paar Stunden ist das feine Federkleid getrocknet und schön flauschig und das Küken steht auf eigenen Beinen.

# Kuh Isabella

*Muh*, mein Name ist Isabella, ich bin ein Fleckvieh und ich möchte euch ein bisschen etwas über uns „Rindviecher“ hier auf dem Hof erzählen. Wir Rinder fressen am liebsten frisches Gras und Kräuter. Im Frühling und Sommer sind wir draußen auf den Weiden und können den ganzen Tag die feinsten Gräser rupfen. Den Winter verbringen wir im Stall und fressen dann Silage, Heu und Grummet.
Damit wir auch genügend Milch geben, bekommen wir zusätzliche Leckerbissen wie Mais, Kraftfutter, Salz und Mineralstoffe. Kaum zu glauben aber wahr, wir fressen am Tag siebzig Kilo Grünzeug und trinken dazu etwa einhundert Liter Wasser, was ungefähr so viel ist wie eine volle Badewanne. Dafür liefern wir ziemlich viel Milch für den Menschen – am Tag rund 25 Liter.

Zweimal am Tag werden wir von Bäuerin Maria mit der Melkmaschine gemolken. Die frische Milch läuft durch eine Rohrleitung in den großen Milchtank und wird dort auf 4 °C gekühlt, damit sie nicht „sauer“ wird. Auch im Tankwagen, der die Milch abholt und in die Molkerei bringt, wird die Milch weitergekühlt. In den Molkerein wird sie dann zu Butter, Joghurt, Sahne, Käse, Quark und vielen anderen feinen Milchprodukten verarbeitet.
Milch und Milchprodukte sind sehr wertvolle Lebensmittel. Sie versorgen die Menschen mit hochwertigem Eiweiß, Mineralstoffen, Calcium, Vitaminen, Milchzucker und Milchfett.

Kühe geben übrigens nur dann Milch, wenn sie Nachkommen zur Welt gebracht haben. Deswegen bekommt eine Kuh jedes Jahr ein Kalb, denn nur so können sie die wertvolle Milch für den Menschen produzieren. Das Kälbchen wächst neun Monate und neun Tage im Bauch heran. Man sagt dann, die Kuh ist trächtig.

**Warum braucht eine Kuh vier Mägen?**
Es gibt noch etwas, das Kühe sehr gerne tun – Wiederkäuen. Eine Kuh ist viele Stunden des Tages mit Grasen beschäftigt, die meiste Zeit aber mit Wiederkäuen. Beim Wiederkäuen liegt sie gemütlich auf der Wiese.

Durch die Speiseröhre gelangt das Futter in den Pansen, den Sammelmagen des Rindes. Dort wird das Futter mithilfe von Bakterien aufgeweicht. Es entsteht ein Futterbrei. Dieser Brei wandert weiter in den Netzmagen und wird dort zu kleinen Futterkugeln geformt.

Diese Kugeln gelangen durch die Speiseröhre wieder zurück in das Maul. Im Maul werden sie beim Wiederkäuen mit sehr viel Speichel zu Brei fein zermahlen, erneut heruntergeschluckt und wandern in den Blättermagen, wo ihm die Feuchtigkeit entzogen wird. Von dort wird der Nahrungsbrei in den eigentlichen Magen, den Labmagen, befördert. Im Labmagen wird die Nahrung mit Verdauungssäften zersetzt. Erst von hier aus gelangt die zerkleinerte Nahrung in den Darm.

## Jakob Fischer, der Apfelbaum

Hallo, ich bin Jakob Fischer, ein Apfelbaum, und stehe schon seit über 60 Jahren im Obstgarten des Glaswinkler Hofes. Ich wurde nach meinem Entdecker Jakob Fischer benannt, der durch Zufall 1903 in Oberschwaben ein wildwachsendes Apfelbäumchen fand, das er in seinen Garten verpflanzte. Aus diesem Wildling wurde ein Baum, der große Früchte trug.
Jedes Jahr im September hängen an meinen Ästen und Zweigen gelb-rote saftige Äpfel. Den Winter verbringe ich mit kahlen Ästen und Zweigen. Das einzige, was mich bei Temperaturen bis minus 20 °C schützt, ist meine Rinde.

Ab März werden die Tage länger und die Sonne stärker. In meinen Ästen und Zweigen entwickeln sich langsam kleine Knospen, die Anfang Mai in voller Blüte stehen. Dann lockt mein Duft Bienen und andere nützliche Insekten an, um meine Blüten zu bestäuben. Meine Blüten bestehen aus fünf Kronenblättchen. In der Mitte befinden sich die Staubblätter mit ihrem Blütenstaub, und inmitten der Staubblätter ragt der Stempel auf. In der Mitte sind die grünen Fruchtblätter. Sie sind zu einem Fruchtknoten verwachsen. Im Fruchtknoten sitzen die Samenanlagen mit der weiblichen Keimzelle, der Eizelle. Fünf Kelchblätter umhüllen meine Blütenknospe.

In meiner Blüte entwickelt sich der Nektar, er enthält Zucker und Duftstoffe für die Bienen. Meine Blüten müssen bestäubt werden, damit sich aus der Samenanlage eine Frucht bilden kann. Dazu streifen die Bienen mit ihren Beinen an den Blütenstaub, der sich auf den Staubblättern befindet, und tragen ihn so zu einer anderen Blüte. Kommt dieser Blütenstaub auf den Stempel, ist dieser befruchtet und ein kleiner Apfel wächst heran.

Nach der Befruchtung vertrocknen die Kronblätter. Kron- und Staubblätter fallen ab. Die Kelchblätter und die Griffel mit Narbe verkümmern zum Blütenrest. Aus dem Fruchtknoten entsteht das Kerngehäuse. Darin liegen die Samen, die aus der Samenanlage entstanden sind. Der Blütenboden wird zum Fruchtfleisch und die Blütenachse wird zum Stiel.
Jetzt müssen meine Wurzeln auf Hochtouren arbeiten und Nährstoffe und Wasser in meine Krone pumpen. Schließlich benötigen die kleinen Äpfelchen viel Wasser und Sonne.

Wenn meine kleinen grünen Äpfelchen von Sturm, Hagel, Trockenheit und Fraßfeinden verschont bleiben, sind sie Ende September groß und saftig und können geerntet werden. Meine Äpfel sind sehr gesund, sie enthalten viele Vitamine, Mineralstoffe wie z. B. Kalium, Kalzium, Magnesium und Eisen. Sie bestehen zu 85% aus Wasser und haben nur wenig Kalorien. Die meisten der wertvollen Inhaltsstoffe sind in der Schale enthalten. Meine Früchte sind als Tafelobst sowie als Haushaltsäpfel zum Einmachen, Backen, Entsaften und für Kompott geeignet. Anfang bis Mitte September sind sie pflück- und sofort genussreif. Da meine Äpfel nur begrenzt haltbar sind, werden sie gerne zu Saft verarbeitet.

## Von der Blüte zur Frucht

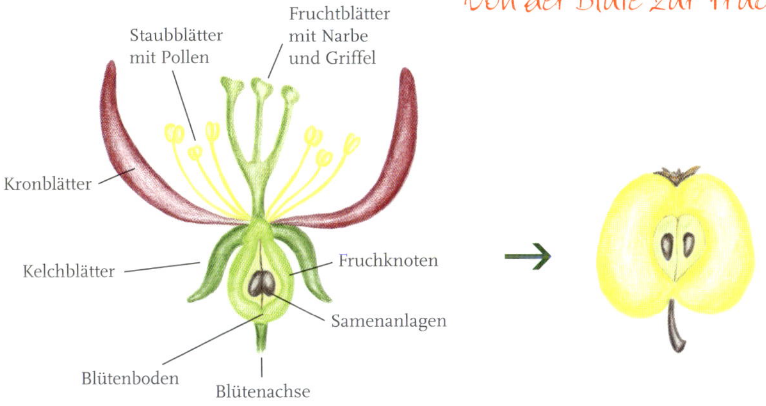

# Willkommen bei der wolligen Bande

**Coco:** „Buenas dias! Ich bin Coco, eines von fünf Lamas, die hier auf dem Glaswinklerhof leben. Zu unserer Herde gehören auch noch vier Alpakas. Ursprünglich kommen wir aus Südamerika. Dort dienten wir den Indios (den Andenbewohnern) vor allem als Tragetiere und Wolllieferanten."

**Caruso:** „Mmmmh-pfffff. Ich bin Caruso, ein Alpaka. Und wir sind nicht nur wegen unserer weichen flauschigen Wolle da. Bei Wanderungen sind wir freundliche Begleiter und tragen die Brotzeit der Kinder und Erwachsenen. Nebenbei verdienen wir uns unser Heu als charmante und stille Landschaftspfleger."

**Coco:** „Ja ist ja gut, du hast vollkommen recht. Aber ich wollte gerade erzählen, was unsere ursprüngliche Aufgabe war. Und bei unseren Vorfahren wart ihr eben wichtige Woll- und – auch wenn du das nicht hören willst – Nahrungslieferanten. So, jetzt aber wieder zurück in die Anden. Weißt du eigentlich, dass wir zu den Neuweltkameliden gehören? Wie stammen von den Guanakos und Vinkunjas ab.

**Caruso:** „Oh je, das ist doch alles viel zu kompliziert. Ich lebe im Hier und Jetzt und freue mich jeden Tag auf die tollen Ausflüge mit unseren Zweibeinern Nadine und Sepp. Als freundliche Wanderbegleiter sorgen wir nämlich dafür, dass sorgenvolle Gedanken an den Alltag verblassen und die ganze Gruppe richtig Spaß hat! Wer einmal in unsere großen, strahlenden Augen sieht, kann uns nicht mehr vergessen."

**Coco:** „Ja, genauso ist es! Selbst lauffaule Kinder und Erwachsene finden Freude an der Bewegung mit uns und vergessen die Zeit! In diesem Sinne kommt uns und unsere Herde doch einfach einmal besuchen. Adios!"

**Caruso:** „Mmmmmh" – das warAlpakianisch und heißt: Ohja, wir freuen uns auf euren Besuch."

# Hätten Sie's gewusst?

*Fragen an das Alpaka-Lama-Team vom Glaswinkler Hof*

**Können Tiere, die aus den Anden kommen, überhaupt in Bayern leben?**
Ja, weil sie sehr anpassungsfähig sind. Ihre Wolle, eigentlich Haare, ist wärmeregulierend, d.h. sie speichert die Wärme und gibt sie bei kühleren Temperaturen wieder ab, z.B. in der Nacht. Auch in den Anden leben sie auf unterschiedlichen Höhen.

**Kann man auf Lamas und Alpakas reiten?**
Könnte man meinen, weil Lamas schließlich Lastentiere sind. Aber wir würden direkt auf ihrer Wirbelsäule sitzen, also legen wir ihnen ein Halfter an und führen sie.

## Wieso hält man solche Tiere?

Anfangs wurden sie wegen der Wolle gezüchtet. Mittlerweile werden sie aber sehr vielfältig eingesetzt. In der Landschaftspflege, weil sie auch Gestrüpp abfressen, sehr geländegängig sind und vor allem, weil sie keine Trittschäden anrichten. Sie sind relativ leicht und haben keine Hufe, sondern sie gehören zu den Schwielensohlengängern.
Lamas werden zunehmend als Hütetiere in Schafherden eingesetzt. Aufgrund ihrer ruhigen, sanftmütigen und besonderen Ausstrahlung werden sie immer beliebter als Trekking- und „Begleittiere" in der pädagogischen oder therapeutischen Arbeit.

## Was benötigen diese Tiere?

Alpakas und Lamas sind sehr genügsam. Sie brauchen einen Unterstand, eine genügend große, gut eingezäunte Fläche und immer Heu und Wasser. Rohfaser (also Heu) ist für sie sehr wichtig, weil ihr Magen-Darm-System darauf entwickelt ist. In den Anden gibt es für sie nur sehr karge Futtermöglichkeiten. Unser Gras ist für sie zu eiweißhaltig.
Außerdem ist es eine große Freude, sich mit ihnen intensiver zu beschäftigen. Sie lieben Bewegung, Abwechslung und sind unglaublich neugierig und lern-

freudig. Aber sie sind auch sehr vorsichtig, weshalb sie distanziert und scheu wirken. Sie überprüfen mit ihrem gut geschulten Gehör- und Geruchssinn, ob wirklich keine Gefahr droht. D.h. sie brauchen Geduld, Ruhe und Zeit.

**Und die wichtigste aller Fragen: Spucken Alpakas und Lamas?**
Ja, aber sie spucken »zärtlich«! Naja, zumindest ist es nicht giftig oder sonst wie gefährlich. Aber es riecht sehr unangenehm, weil es tatsächlich ihr Mageninhalt ist. Und jetzt kommt die gute Nachricht: Sie selbst finden es ziemlich eklig. Und weil sie schlau sind und sehr schnell lernen, setzen sie das Spucken wirklich erst als allerletztes Mittel ein, wenn ihr Gegenüber so überhaupt nicht begreifen will.

## Das Alpaka-Lama-Team Tölzer Land ...

... wird von Nadine Schmitt und Sepp Mangold gestaltet und geführt. Nadine Schmitt ist Dipl. Sozialpädagogin mit einem festen Bezug zu Natur und Bewegung. Besonders ihre Arbeit mit Kindern und Jugendlichen erfährt eine wertvolle Bereicherung durch tiergestützte Maßnahmen.
Sepp Mangold arbeitet seit Beginn seines Berufslebens in und mit der Natur. Als staatl. geprüfter Berg-und Skiführer, Skilanglauf- und Fluglehrer ist er immer in Bewegung. Tiergestützte Angebote sind jetzt eine Antwort auf Schnelligkeit und Adrenalin.
Die Verbindung von Maria Walsers Kräuter- und Naturpädagogischen Angeboten mit tiergestützten Aktivitäten bietet einen ganz besonderen Erlebnisrahmen für nachhaltige Begegnungen.
**Kontakt und Infos unter Tel.:** 08041/71291 oder unter
www.alpaka-lama-team.de

# Herzlich willkommen

## im Kräuterstüberl vom Glaswinkler Hof

*Im idyllischen Isarwinkler Voralpenland hat Maria Walser zusammen mit ihrer Familie aus einem denkmalgeschützten Stadl in liebevoll-traditioneller Bauweise das „Kräuterstüberl" errichtet. In gemütlicher Atmosphäre nimmt die Kräuterpädagogin ihre Gäste mit auf eine genussvolle Reise durch die Welt der Wildkräuter.*

„Un-Kräuter" begleiten uns auf Schritt und Tritt. Jeder sieht sie, doch wer kennt sie? Nur wenige wissen, dass man viele essen kann. Kräuterpädagogin Maria Walser hat in umfangreichen Qualifizierungsmaßnahmen der Gundermannschule ihr Wissen um die Kräuter vertieft und steht für einen aktiven Umgang mit der Natur. Auf einem Streifzug durch die Natur zeigt sie, wo man Wildkräuter und -früchte findet, wie man sie erkennt und wie man leckere Köstlichkeiten daraus zubereitet.

## Hier ist immer was los:

* **Kräuterwanderungen** mit herzhafter Wildkräuterbrotzeit
* **Kochkurse** mit wilden Kräutern
* Wildkräuterbrot und Schmalznudeln **backen**
* **Kindergeburtstage auf dem Bauernhof:** gemeinsam mit Maria Walser sind die Kinder als Kräuterdetektive unterwegs, setzen Wildkräuteressig und Öl an, basteln Kräuterseifen und Duftsäckchen.
* **Lagerfeuer-Romantik im großen Indianertipi:** Hier beginnt das Abenteuer direkt vor der Haustüre mit Lagerfeuer-Romantik pur. Geeignet auch für Schulklassen oder Kindergärten.
* **Alpaka-Lama-Wanderungen** – ein Abenteuer für Groß und Klein

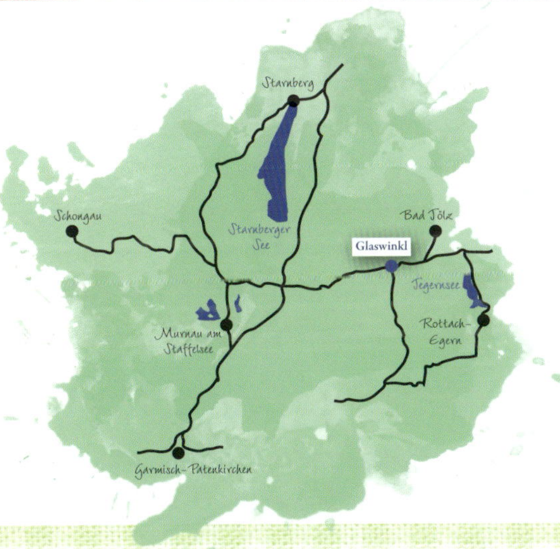


**Maria Walser**
**Kräuterpädagogin**
Glaswinkl 111
83646 Wackersberg
Tel.: 08041-3701
www.kräuter-stüberl.de

AVA-Agrar Verlag Allgäu GmbH © · 1. Auflage 2016

**Herausgeber & Verlag:** AVA-Agrar Verlag Allgäu GmbH
Porschestraße 2 • 87437 Kempten /Allgäu
Telefon: (08 31) 5 71 42-0 • Fax: (08 31) 7 90 08
E-Mail: vertrieb@ava-verlag.de
Internet: www.ava-verlag.de

**Redaktion & Layout:** Johanna Strodl, Nadja Esterl

**Autorin:** Maria Walser

**ISBN:** 978-3-944321-28-8

**Druck:** KKW-Druck GmbH
Heisinger Straße 17 • 87437 Kempten /Allgäu
Telefon: (08 31) 57 50-310 • Fax: (08 31) 57 50-360
E-Mail: kontakt@kkw-druck.de
Internet: www.kkw-druck.de

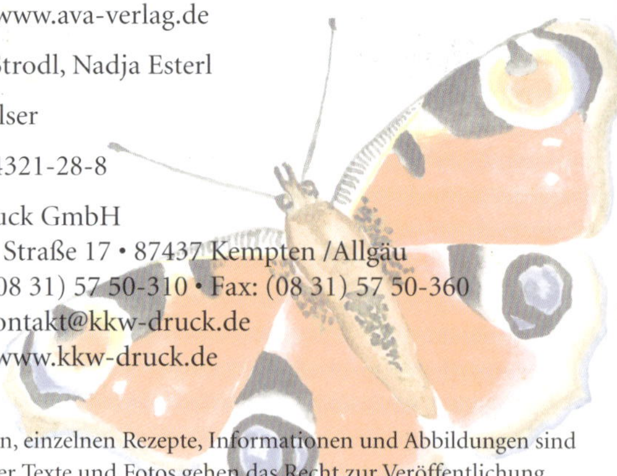



## Bildverweise

**Fotolia:** S. 11 © fotoknips - Fotolia.com, S. 13 © Christian Fischer - Fotolia.com, S. 14 © manu - Fotolia.com, S. 18 © karaidel - Fotolia.com, S. 20 © PhotoSG - Fotolia.com, S. 26 © Doris Heinrichs - Fotolia.com, S. 36 © Michael Rogner - Fotolia.com, S. 37 © Mara Zemgaliete - Fotolia.com, S. 40 © Doris Heinrichs - Fotolia.com, S. 42 © shaiith - Fotolia.com., S. 44 © emmi - Fotolia.com, S. 47 © mizina - Fotolia.com, S. 48 © ji_images - Fotolia.com, S. 57 © gentelmenit - Fotolia.com, S. 58 © HLPhoto - Fotolia.com, S. 60 © kuntabunt - Fotolia.com, S. 63 © kuntabunt - Fotolia.com, S. 64 © Johanna Mühlbauer - Fotolia.com, S. 69 © tinadefortunata - Fotolia.com, S. 72 © fotoknips - Fotolia.com, S. 72 © Tim UR - Fotolia.com, S. 72 © Christian Jung - Fotolia.com, S. 72 © dima_pics - Fotolia.com, S. 72 © emer - Fotolia.com, S. 72 © Scisetti Alfio - Fotolia.com, S. 73 © fotoknips - Fotolia.com, S. 74 © daffodilred - Fotolia.com, S. 74 © unpict - Fotolia.com, S. 74 © euthymia - Fotolia.com, S. 74 © Leonid Ikan - Fotolia.com, S. 74 © TwilightArtPictures - Fotolia.com, S. 74 © silencefoto - Fotolia.com, S. 75 © TwilightArtPictures - Fotolia.com, S. 76 © Floydine - Fotolia.com, S.- 76 © Tim UR - Fotolia.com, S. 76 © euthymia - Fotolia.com, S. 76 © unpict - Fotolia.com, S. 76 © Leonid Ikan - Fotolia.com, S. 76 © mates - Fotolia.com, S. 77 © Tanja - Fotolia.com, S. 78 © valya82 - Fotolia.com, S. 79 © Heike Rau - Fotolia.com, S. 82 © daffodilred - Fotolia.com, S. 110 © budgetfoto - Fotolia.com, S. 110 © budgetfoto - Fotolia.com, S. 111 © dan - Fotolia.com, S. 113 © taviphoto - Fotolia.com, S. 114 © Valentina R. - Fotolia.com, S. 114 © sommai - Fotolia.com, S. 115 © rupbilder - Fotolia.com

**Adrian Greiter Photodesign/www.adrian-greiter.de:** S. 112, 123

**Birgid Allig/www.birgidallig.com:** S. 65, 96-107

**Bodu Mertoglu/ www.mertoglu.de:** S. 8, 45, 70, 71, 84-95

**Johanna Strodl:** S. 50

**Liane Müller:** S. 5, 12, 17, 19, 22, 25, 28, 29, 31, 35, 39, 43, 50, 53, 54, 55, 66, 68, 80, 108, 110, 111, 112, 116, 120, 121

**Nadine Schmitt:** S. 118, 119, 120, 121, 122

**Silvia Schlögel:** S. 32

**Titelbild:** Birgit Allig; Einklinker: © rupbilder - Fotolia.com, © Johanna Mühlbauer - Fotolia.com, Bodu Mertoglu

**Illustrationen:** Christine Pfob